© 2020 Kids & Concepts GmbH •
Senefelderstr. 22 • D-70176 Stuttgart

Text: Judith Hüller
Gestaltung: Studio Estinghausen
Illustrationen: Martina Lengers
Konzeption: Stefanie Kern, Kids & Concepts GmbH
Mitarbeit: Cora Friedrich, Kids & Concepts GmbH
www.friendz-verlag.de

Gedruckt in Deutschland

FSC
www.fsc.org

MIX
Papier aus verantwor-
tungsvollen Quellen
FSC® C043106

Fußball TOTAL

Vorlesegeschichten

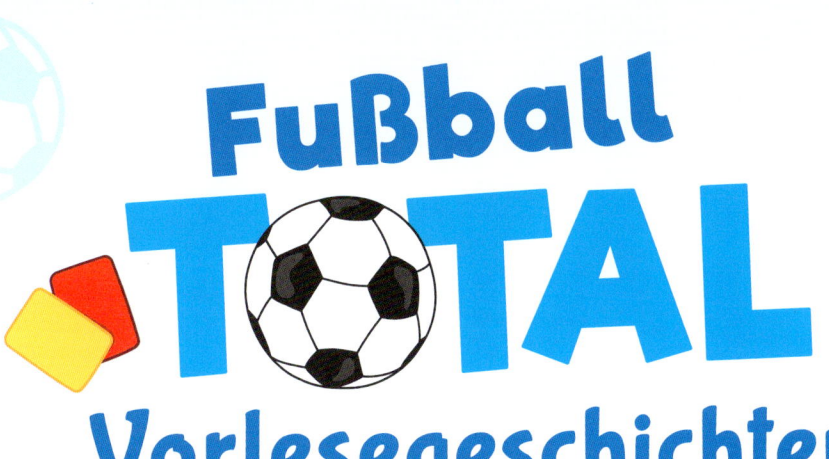

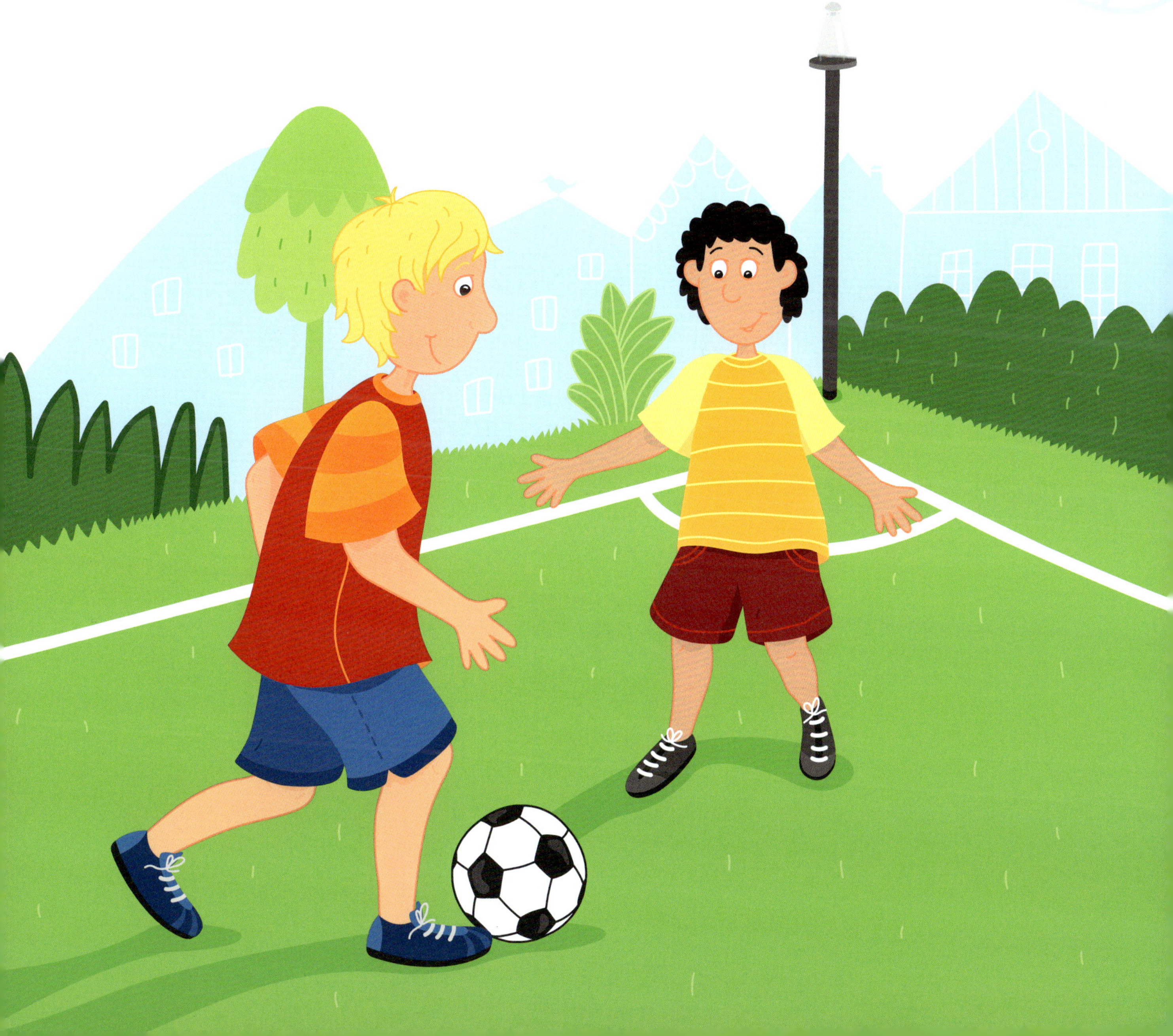

Inhalt

Der Ball der Weltmeister

Rums! Als Finn lautes Donnern hört, schnürt er sofort seine Sportschuhe. Von Reihenhaus zu Reihenhaus braucht er weniger als zehn Sekunden. Direkt nebenan wohnt Lasse. Einen besseren Freund kann sich Finn nicht wünschen. Mit Lasse macht einfach alles Spaß! Schon im Kindergarten haben sie die tollsten Räuberhöhlen gebaut. Mittlerweile besuchen sie dieselbe Klasse und hängen jeden Nachmittag zusammen ab. Wie erwartet kickt Lasse gerade seinen Fußball auf das Garagentor. Scheppernd knallt die Kugel rechts oben ins Eck. Finn steigt sogleich ins Spiel ein.

Er dribbelt eine Runde, ehe er zum Schuss ansetzt. Rums!

„Cool! Ihr spielt Fußball", hört Finn eine Stimme hinter sich.

Dazu fallen ihm nur drei Worte ein. Neu. Nervig. Noah.

Seit der Junge in ihre Straße gezogen ist, kurvt er ständig mit
dem Fahrrad umher und quatscht sie an:

„Ich kann einen neuen Trick auf dem Hinterreifen. Soll ich mal zeigen?"

„Seit heute haben wir ein Aquarium. Wollt ihr mal sehen?"

„Meine Mama hat gerade Eis gekauft. Möchtet ihr auch eines?"

Wie üblich tauschen Finn und Lasse Blicke. Gegen diese Nervensäge hilft nur
eine Maßnahme. Sie beachten ihn nicht und kicken.

„Mein Papa hat übrigens einen richtig wertvollen Fußball", quasselt Noah
leider weiter. „Alle Weltmeister von 2014 haben darauf unterschrieben."

Nun dreht sich Lasse doch zu Noah um.

„Haha!", sagt er trocken. „Das glaubt dir doch kein Mensch."

„Es stimmt!", widerspricht Noah und steigt vom Rad. „Mein Papa war
bei der Siegesfeier in Berlin. Er stand in der ersten Reihe und hat Autogramme
gesammelt von der deutschen Nationalmannschaft. Alle, wirklich alle, haben
ihren Namen draufgekritzelt. Sogar der Trainer."

Finn und Lasse halten inne. Solch ein Ball wäre für echte Fans unbezahlbar.

„Dürfen wir diesen Fußball mal sehen?", fragt Finn nach.

Noah schüttelt den Kopf. „Er gehört Papa. Niemand darf ihn anfassen, nicht
mal ich."

„Na klar!", seufzt Lasse, ehe er Finn zuzwinkert. „Ach, und mein Vater hütet
übrigens in seinem Kleiderschrank eine der vier Eckfahnen aus dem Finale.
Die hat er letztes Jahr für eine Million ersteigert."

Noah reißt die Augen auf. „Wirklich? Für eine Million?"

„Blödsinn", meint Lasse und legt seinen Fußball wieder in Position. „Meine Eckfahne ist genauso erfunden wie dein WM-Ball. Also verzieh dich!"

Leider lässt sich Noah nicht abwimmeln. Stattdessen stellt er sich Lasse in den Weg und stoppt den nächsten Schuss auf die Garage.

„Glaubt mir doch einfach!", sagt er. „Lasst mich mitspielen! Dann erzähle ich euch alles über den Ball, was ihr wissen wollt. Aber ich kann ihn euch wirklich nicht zeigen. Mein Papa flippt sonst aus."

Lasse überlegt einen Moment. „Also ist das hiermit deine Mutprobe. Bring uns morgen den Ball als Beweis! Dann wissen wir, dass wir dir trauen können, und du darfst in Zukunft mitkicken."

Finn kann nicht glauben, was sein bester Freund da eben angezettelt hat. Kaum ist Noah verschwunden, stellt er Lasse zur Rede.

„Eine Mutprobe?", schimpft er. „Bist du verrückt? Das war mies. Wenn Noah erwischt wird, bekommt er Ärger ohne Ende."

„Eben", sagt Lasse ganz ruhig und grinst. „Noah ist garantiert ein Schisser. Diese Nummer traut er sich nie. Also geht er uns ab jetzt aus dem Weg."

„Glaubst du, es gibt diesen WM-Ball tatsächlich?", fragt Finn.

Lasse hebt die Schultern. Wer weiß das schon? Letztendlich spielt es keine Rolle. Hauptsache, sie sind Nerv-Noah endlich los!

Am nächsten Nachmittag brennt die Sonne vom Himmel. Zum Kicken ist es zu heiß. Außerdem hat Lasse seiner Mutter versprochen, dass er sich um das Planschbecken seiner Schwester kümmert. Finn hilft natürlich. Im Wechsel pumpen sie Luft ins kreisrunde Plastik, ehe sie Wasser einfüllen. Frech richtet Finn den Strahl auf seinen besten Freund. Lasse wehrt sich. Ausgelassen rangeln sie um den Gartenschlauch, bis sie Noah am Zaun bemerken.

„Hier ist euer Beweis", sagt er nur und reicht ihnen einen Stoffbeutel.

Total überrascht enthüllt Lasse den Fußball. Unterschrift reiht sich an Unterschrift. Neuer, Kroos, Lahm, Götze, Boateng, Draxler … Während Finn jeden Namen entziffert, werden seine Augen immer größer.

„Oh wow!", rutscht es ihm raus. „Das ist ja der Oberhammer!"

Auch sein bester Freund hat glänzende Augen. Kein Name fehlt. „Schuss von Götze in der Verlängerung gegen Argentinien!", brüllt Lasse auf einmal und reckt den Ball. „Tor! Sieg! Deutschland ist Weltmeister!"

Dann tänzelt er, als würde er selbst den goldenen Pokal hochhalten. Von diesem Jubel lässt sich Finn glatt anstecken. Er grölt mit und schmeißt achtlos den Gartenschlauch beiseite – seinem Freund genau zwischen die Beine. Lasse kommt aus dem Tritt. Dabei lässt er den WM-Ball los. Wie nach einem Einwurf segelt dieser durch die Luft – platsch, ins Planschbecken.

Oh nein! Augenblicklich fischt Lasse ihn heraus und reibt ihn panisch an seinem T-Shirt trocken.

„Die Unterschriften!", brüllt Finn noch – aber da ist es schon zu spät.

Wo eben noch Autogramme waren, zieren jetzt nur verwischte schwarze Striemen das Leder.

Der Schock sitzt tief. Dieses Andenken ist nicht zu ersetzen. Sie haben es zerstört – sie alle drei! Lasse hat den Ball versenkt. Durch den Schlauch hat Finn dazu beigetragen. Und Noah ist so richtig geliefert. Hätte er die alberne Mutprobe doch bloß nicht beachtet und den Ball zu Hause gelassen.

„Wir kommen mit zu deinem Vater", verspricht Lasse kreidebleich.

„Ja, auf jeden Fall", sagt Finn und nickt heftig.

„Du musst da nicht alleine durch. Irgendwie erklären wir es ihm und entschuldigen uns."

Noah schüttelt nur den Kopf. „Nicht nötig. Nicht so schlimm."

„Nicht schlimm?", wiederholt Finn fassungslos. „Es ist sein WM-Ball! Die Unterschriften kannst du vergessen! Verflixt noch mal, warum war dieser Stift nicht wasserfest?"

„Weil ich keinen wasserfesten Stift hatte."

Verwundert hebt Lasse den Kopf. „Wieso du?"

„Es ist mein Fußball", sagt Noah kleinlaut. „Wie die Unterschriften der Spieler aussehen, weiß ich aus meinem Stickersammelalbum. Gestern Nacht habe ich sie einzeln auf das Leder gemalt. Ich wollte euch unbedingt mit irgendwas beeindrucken, damit ihr mich endlich beachtet."

Dieses Geständnis müssen Finn und Lasse erst einmal verdauen. Noah hat sie angelogen! Und zugleich hat er sich so viel Mühe gemacht, um ihr neuer Freund zu werden. Irgendwann legt Lasse einen Arm um Finn, den anderen um Noah.

„Ganz ehrlich? Ich bin einfach nur froh, dass der Ball eine Fälschung war und niemand von uns geköpft wird. Für diesen Schreck schuldest du uns eine Limo, Noah! Gehen wir zu dir? Deine Fußballsticker will ich nämlich wirklich gerne mal sehen."

Und damit ist Noah natürlich sofort einverstanden!

Paul gegen alle

In der Umkleide herrscht Trubel wie immer. Paul verdreht die Augen. Warum müssen die anderen jedes Mal trödeln? Er ist längst fertig mit Umziehen und bereit zum Training. Alex und Daniel liefern sich noch einen Ringkampf im Unterhemd. Moritz kämpft dagegen mit seinen Schuhen. In den Schnürsenkeln reiht sich Knoten an Knoten. So schusselig ist Moritz leider auch auf dem Platz. Ein großartiger Spieler wird aus ihm gewiss nie.

„Beeilt euch endlich!", schimpft Paul. Daniel hält beim Ringen inne.

„Wozu? Oder kommt unser Trainer etwa schon angewackelt?"

Genau in diesem Moment öffnet sich die Tür. Wer ist das denn?

Der weißhaarige Herr Gabelmann im abgenutzten Trainingsanzug ist es nicht. Stattdessen betritt ein drahtiger Lockenkopf den Raum. Um seinen Hals baumelt eine Trillerpfeife. Nach einem zackigen Pfiff drehen sich alle Köpfe in seine Richtung.

„Willkommen zum Training!", sagt der Unbekannte und wirbelt auf seinem Finger lässig einen Fußball. „Herr Gabelmann lässt euch grüßen. Er muss leider am Rücken operiert werden und fällt auf unbestimmte Zeit aus. Also springe ich für ihn ein. Ich bin 22 Jahre alt, spiele selbst schon lange im Verein und studiere Sportwissenschaften. Nennt mich Julian!"

Diese Neuigkeit haut Paul glatt um. In seinem Bauch kribbelt es wie verrückt. Natürlich mag er Herrn Gabelmann und wünscht ihm alles Gute. Doch dieser Julian wirkt einfach um Längen cooler. Der langweilt sie bestimmt nicht mit altmodischen Spielzügen, die keiner mehr braucht. Neue Trainer bringen immer frischen Wind rein, oder? Zumindest schlüpft die restliche Mannschaft nun im Rekordtempo in ihre Sportklamotten. Sogar Moritz beeilt sich. Auf dem Rasen schart Julian das Team um sich. Jeder soll sich vorstellen: Moritz, Yusuf, Tino, Daniel … Jetzt ist Paul an der Reihe.

„Ich bin Paul", sagt er und setzt schnell noch hinzu: „Und ich bin Stürmer!"

Julian sieht von seinem Klemmbrett hoch. „Stürmer?", wiederholt er. „Hat Herr Gabelmann euch etwa feste Positionen zugeteilt?"

„Nicht direkt", gesteht Paul. „Aber ich bin nun mal der Schnellste von allen und schieße besser als die anderen."

Nachdenklich kratzt sich Julian am Kinn. Dabei mustert er Paul von oben bis unten, ehe er sich den anderen zuwendet.

„Stimmt das, was Paul behauptet?", fragt er.

Moritz betrachtet seine Schuhe so intensiv, als suche er noch immer verirrte Knoten. Auch die restliche Truppe schweigt. Paul kann es nicht fassen. Warum verhalten sich denn plötzlich alle so feige? Schon seit Monaten trainieren sie gemeinsam. Jeder weiß, was Paul draufhat. In dieser Mannschaft ist er mit Abstand das größte Talent. Sogar Herr Gabelmann hat das ständig betont und ihn bei jeder Übung vor allen gelobt.

„Nun gut", meint Julian schließlich. „Was ihr könnt, sehe ich ja gleich. Wir beginnen bei null. Wer wo spielt, entscheidet letztendlich der Trainer. Und der bin ab heute ich."

Dann geht die Vorstellungsrunde weiter. In Paul brodelt es. Wenn ihn niemand unterstützt, wird er seine Stärken eben alleine beweisen. In diesem Team ist und bleibt er der Beste.

Irgendwann legt Julian sein Klemmbrett beiseite. „Zuerst machen wir uns warm und drehen eine Runde um den Platz. Ich laufe voran und ihr folgt mir!" Dieser Satz bringt die Mannschaft zum Staunen. Der alte Herr Gabelmann hat sich nie selbst bewegt. Vor ewigen Zeiten war er wohl ein passabler Innenverteidiger gewesen. Als Trainer hat er dagegen nur noch Kegel aufgestellt oder ihnen Bälle zugeworfen. Aufwärmen mussten sie sich ohne ihn. Begeistert setzen sich alle in Bewegung. Paul reiht sich direkt hinter Julian ein. Nur das Schneckentempo nervt ihn von Schritt zu Schritt mehr. Wie soll sich Paul als Stürmer beweisen, wenn er rumbummeln muss wie eine lahme Ente? Also schließt er auf und läuft Seite an Seite mit dem Trainer. In der Kurve überholt er. Die letzten Meter legt er einen rasanten Sprint hin. Stolz dreht er sich um.

„Gut gemacht", sagt Julian tatsächlich, allerdings zu den anderen. „Ihr habt euch genau an meine Anweisung gehalten. Ich voran, ihr hinterher."

„Na schön!", denkt Paul. „Ein bisschen Aufmunterung für die Schlaffis. Ich war trotzdem der Schnellste."

Im Anschluss verteilt Julian Bälle. In der nächsten Übung soll jeder das Leder vor sich her führen. Dribbeln kann Paul blind. Ihm springt der Fußball kein einziges Mal vom Schuh. Moritz legt sich dagegen gleich mehrmals auf die Nase.

„Der schafft es sogar, über seine eigenen Beine zu stolpern", denkt Paul schadenfroh.

„Alle Bälle zurück zu mir", ruft Julian. „Nur einer bleibt im Spiel. Verteilt euch auf dem Feld und passt euch den Ball zu! Wer dann nahe genug vor dem Tor ist, schießt." Danach bestimmt er Alex als Torwart.

Wie ein richtiger Stürmer lauert Paul vor dem Tor. Doch wo bleibt der Pass? Yusuf kickt zu Yannik, Yannik zu Daniel. „Zu mir!", ruft Paul und winkt. Stattdessen landet der Ball bei Moritz, der mit viel Mühe an Tino abgibt.

Mitten im Hin und Her verliert Paul die Geduld. Er saust ins Mittelfeld, wo er den nächsten Schuss auf Daniel gekonnt abblockt. Endlich hat er den Ball. In hohem Tempo jagt er damit auf den Kasten zu. Dann zieht er ab. „Tor!", jubelt er.

Als Alex den Ball ins Feld zurückschlägt, erobert Paul ihn schon nach zwei Pässen. Wieder saust er dribbelnd Richtung Tor und trifft natürlich.

Später in der Kabine packt er zufrieden seine Sachen ein. Dem neuen Trainer hat er es wirklich gezeigt. Ganze zehn Schüsse hat Paul heute ins Netz geknallt. Moritz und die anderen machen dagegen lange Gesichter. Keinen einzigen Treffer haben sie gelandet. „Selbst schuld", findet Paul. Wer gewinnen will, muss Tore schießen. Das weiß jeder Stürmer.

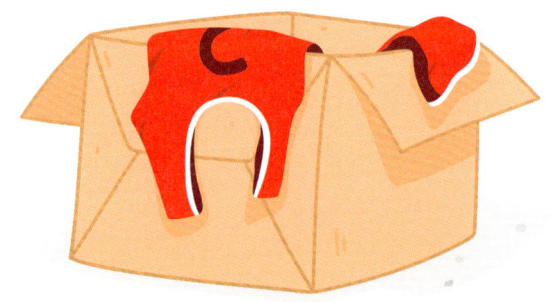

Gut gelaunt radelt Paul drei Tage später zum nächsten Training. Nach dem Aufwärmen ruft Julian die Spieler zusammen. Aus einem Pappkarton nimmt er rote Übungstrikots, die er an alle verteilt. Nur für Paul hat er keines. Stattdessen legt der neue Trainer eine Hand auf Pauls Schulter.

„Heute fordern wir unseren Stürmer", verkündet Julian. „Darum lautet unsere erste Übung: Paul gegen alle. Er startet mit dem Ball an der Mittellinie Richtung Tor. Für jeden Treffer bekommt Paul einen Punkt. Verliert er unterwegs den Ball, weil irgendwer ihn stoppt, geht ein Punkt ans rote Team."

Auf ein solches Kräftemessen hat Paul schon ewig gewartet. Konzentriert läuft er los. Dabei hält er den Ball sicher am Fuß. Ohne Mühe dribbelt er erst Moritz aus, dann Alex. An einer Mauer, die aus Yusuf, Daniel und Tino besteht, ist allerdings Schluss.

„1:0!" Julian macht sich auf seinem Klemmbrett Notizen. „Team Rot führt. Nächster Anlauf."

Paul gibt sich wirklich alle Mühe. Im Zickzack ackert er sich voran, doch bis zum Tor schafft er es nie. Irgendein Bein stellt sich ihm immer in die Quere. „Das Team führt 10:0", verkündet Julian irgendwann und seufzt theatralisch. „Ich dachte, du bist unser Stürmer. Streng dich mal mehr an!"

„Wie denn?" In Paul kochen Wut und Tränen hoch. „Das ist so unfair! Ohne Mitspieler kann ich nur verlieren."

Nun lächelt der Trainer. „Ich bin froh, dass du diese Lektion endlich begriffen hast. Fußball ist ein Mannschaftssport. Wenn ein Stürmer nur an sich denkt, hilft er niemandem. In einem Team kämpfen alle zusammen. Jeder Spieler ist wichtig. Deshalb müssen wir auch im Training miteinander arbeiten und nicht gegeneinander."

Paul schaut ihn mit großen Augen an, dann senkt er beschämt den Blick. Versöhnlich legt Julian Paul eine Hand auf die Schulter und zieht aus der Kiste noch ein Trikot heraus. „Willkommen zurück im Team, Paul!"

Ein unschlagbares Team

Mit kribbelnden Fingern macht sich Timo startklar. Erst schlüpft er ins Trikot, dann schlingt er sich den leuchtenden Fan-Schal in Rot-Blau um. Timo kann den Anpfiff kaum erwarten. Heute geht es wirklich um alles. Ein Sieg muss her. Nur wenn die Mannschaft noch drei Punkte holt, schafft es der FC Burgbach in die nächste Liga.

Im Flur trifft Timo auf Mama. Hektisch greift sie nach den Autoschlüsseln.

„Wo willst du hin?", fragt Timo verwundert.

„Ich muss in die Kanzlei", erzählt Mama. „Mein Chef hat gerade angerufen. Das Abendessen für dich und Emma steht im Kühlschrank. Es wird spät."

„Das geht nicht!" Sofort versperrt Timo ihr den Weg. „Du hast mir erlaubt, dass ich mir das Spiel ansehen darf."

„Tut mir leid. Dann klappt es eben beim nächsten Mal."

„Es ist das letzte Spiel der Saison. So spannend war es noch nie! Wir kämpfen um den Aufstieg. Weißt du, was das bedeutet?"

„Nein", seufzt Mama. „Klingt toll! Aber leider muss jemand auf Emma aufpassen. Du bist ein Schatz. Bis später!"

Kaum allein wirft sich die Kleine auch schon in Timos Arme und gluckst vor Freude. Timo mag Emma wirklich und ist gerne ihr großer Bruder. Aber nicht jetzt. Nicht heute. Am besten klingelt er gleich ein Stockwerk höher bei Oma Krause. Die hat irgendwie immer Zeit, um in Notfällen Emma zu hüten. Nein, halt! Seit gestern ist sie ja verreist. Traurig mustert Timo seine kleine Schwester. Wenn ihm keine rettende Idee einfällt, kann er das Spiel des FC Burgbach vergessen. Emma strahlt ihn mit leuchtenden Augen an und zupft dabei neugierig an den Fransen seines Schals. Will sie ihm damit etwas sagen?

„Magst du Fußball genauso wie ich?", fragt Timo. Emma quietscht fröhlich, was nur bedeuten kann: Ja! Also sucht Timo schnell ihre Schuhe. Mama hatte ihm das Spiel schließlich erlaubt. Jetzt muss er Emma eben mitnehmen.

Hand in Hand steuern die beiden den Fußballplatz an. Zum Glück kann Emma schon laufen. Trotzdem kommen sie wegen ihrer trippelnden Schritte viel zu langsam voran. Bestimmt haben sie den Anpfiff bereits verpasst. Kurzerhand packt sich Timo seine Schwester auf den Rücken. So geht es gleich viel schneller.

Bereits von Weitem hören sie Gesänge.

„Rot-Blau-Rot-Blau, FC Burgbach – go!"

Im Takt wummern dazu Trommeln. Um das Feld herum ist die Hölle los.

Überall drängen sich Menschen, die wie Timo Trikots tragen. Eifrig werden Fahnen in Rot-Blau geschwenkt. Das Spiel ist tatsächlich schon in vollem Gange. Gemeinsam mit Emma schiebt sich Timo durch das Meer aus Fans. Auf Höhe einer Eckfahne findet er schließlich noch eine winzige Lücke, durch die er das Feld beobachten kann. Der FC Burgbach führt einen Freistoß aus. Leider segelt der Schuss meterweit am Tor vorbei.

„Rot-Blau-Rot-Blau, FC Burgbach – go!", schallt es von allen Seiten.

Doch Timo begreift sehr schnell, dass es nicht rund läuft bei seiner Mannschaft. Andauernd landen Pässe im Aus oder beim Gegner. Jeder Spielzug wirkt verkrampft. Dass der FC Burgbach noch nicht hinten liegt, grenzt an ein Wunder. Es steht 0:0. Ein Unentschieden wäre trotzdem eine Katastrophe. Der Verein braucht den Sieg. Mindestens ein Tor muss fallen.

Da zuppelt Emma an Timos Hose. „Hoch! Hoch!", bettelt sie.

Umringt von Beinen bekommt Emma natürlich noch weniger mit vom Spiel als Timo.

Also nimmt er seine Schwester auf die Schultern. Jetzt hat sie bessere Sicht auf …
„Wurst!", ruft Emma. „Wurst haben."

Oh nein! Direkt vor ihnen beißt ein Mann gerade in ein Brötchen vom Grillstand. Hoch oben kann Emma es ganz genau erkennen.

„Später", sagt Timo, der keine Aktion auf dem Feld versäumen will.

Jedoch lässt Emma ihn nicht in Ruhe. Hartnäckig rüttelt sie an seinen Ohren.
„Wurst! Wurst haben!"

Irgendwann gibt Timo nach. Wenn seine Schwester satt ist, nervt sie ihn hoffentlich weniger. Außerdem ist vor der Pause am Würstchenstand nichts los.

„Eine Bratwurst im Brötchen bitte", bestellt Timo am hölzernen Tresen.

„Das dauert einen Moment, junger Mann", antwortet der Grillmeister. „Ich
habe gerade erst frisch nachgelegt."

Es zischt auf dem Rost. Geduldig warten Timo und Emma, bis die helle Wurst
über den glühenden Kohlen Farbe annimmt. Schließlich greift Timo nach dem
Brötchen und kramt mit der anderen Hand genügend Münzen aus seiner Tasche.
Auf die Wurst drückt er noch eine gewaltige Ladung Ketchup. Emma liebt
Ketchup. Aber als Timo ihr die Wurst geben will, bemerkt er mit Schrecken,
dass Emma verschwunden ist.

Panisch sieht Timo sich um. Ihm wird heiß und kalt zugleich. Das darf nicht wahr sein! Er hat seine kleine Schwester doch nur für einen klitzekleinen Augenblick losgelassen.

„Ganz ruhig, denk nach!", macht Timo sich Mut. Irgendwo muss sie ja sein. Alle Augen sind aufs Spiel gerichtet. Am Feld stehen die Menschen dicht an dicht. Niemals würde Emma zwischen so vielen Beinen herumturnen. Da unten sieht sie ja nichts. Zurzeit will sie alles entdecken und wissen, was hinter jeder Tür ist. Timo dreht den Kopf. Tür – natürlich! Hinter dem Grillstand befinden sich die beiden Kabinen der Mannschaften. Der linke Zugang wirkt verschlossen, doch rechts scheint der Eingang nur angelehnt. Zielstrebig flitzt Timo los.

Als er die Tür aufreißt, schlägt ihm ein muffiger Geruch entgegen. An den Wänden reiht sich Spint an Spint. Auf den Sitzbänken davor liegen achtlos verstreute Klamotten neben Handtüchern und Trinkflaschen.

„Emma?", ruft Timo in die Kabine.

„Ball!", kommt fröhlich als Antwort.

Tatsächlich hat sich seine Schwester hier verkrochen. Auf tapsigen Beinen jagt sie einen Fußball vor sich her quer durch den Raum. Timo greift ein. Er schnappt sich seine Schwester und hievt sie auf seinen Arm.

„Emma …", keucht er. „Du darfst doch nicht einfach weglaufen. Mama schimpft sonst mit dir. Und ich auch!"

Timo will die Kabine gerade verlassen, da hört er Stimmen. Halbzeit! Die Spieler kommen! Er weicht zurück und duckt sich mit Emma in den Schatten eines Spints. Im Nu ist der Raum voll. Die komplette Mannschaft des FC Burgbach sammelt sich nur wenige Meter von ihnen entfernt. Gierig trinken die Spieler aus Wasserflaschen und trocknen sich den Schweiß. Einige schimpfen dabei. Wirklich zufrieden scheint niemand mit dem bisherigen Spiel zu sein. In ihrer Mitte stellt sich nun der Trainer auf.

„Nicht nachlassen", brüllt er, während er aufmunternd in die Hände klatscht. „Die erste Hälfte war nichts. Aber wir können es noch schaffen. Es steht 0:0. Alles, was wir brauchen, ist ein verflixtes Tor."

„Tor!" Das kam von Emma.

Am liebsten würde sich Timo jetzt in Luft auflösen. Vorsichtig wagt er sich aus der Deckung. Natürlich starren ihn nun alle Spieler an. Einige beugen sich herab und mustern Emma wie Riesen einen Zwerg. Peinlicher geht es nicht.

„Entschuldigung", sagt er leise. „Tut mir leid. Wir … verschwinden sofort."

Als er Emma mitnehmen will, streckt sie ihren Zeigefinger aus.

„Ball!", kräht sie und stupst die Kugel aus Leder an. „Tor!"

Schlagartig herrscht Stille in der Kabine. Dann prusten die Spieler vor Lachen. Sogar der Trainer wischt sich Tränen aus dem Augenwinkel.

„Leute, ihr habt die Kleine gehört!", gluckst er. „Mehr kann ich euch auch nicht sagen. Macht das Ding irgendwie rein! Ball! Tor! Wir müssen gewinnen."

„Ball! Tor! Ball! Tor!", brüllt nun die gesamte Mannschaft immer wieder wie einen Schlachtruf.

Auf wundersame Weise ist der Frust verschwunden. Endlich macht sich Kampfgeist breit, den der FC Burgbach so dringend braucht.

„Hoffentlich bringt ihr beiden uns Glück", meint der Trainer irgendwann, während sich das Team aufstellt für die zweite Halbzeit. „Kann die Kleine bitte bei uns bleiben als Maskottchen?"

Timo fehlen die Worte. Was dann geschieht, fühlt sich an wie ein Traum. Mit Emma an der Hand begleitet er die Spieler zurück auf das Feld. Von der Ersatzbank aus verfolgt er das Spiel hautnah. Bei jedem wichtigen Schuss reißt er seinen Schal hoch und brüllt aus voller Kehle.

„Rot-Blau-Rot-Blau, FC Burgbach – go!"

Doch der rettende Treffer will einfach nicht fallen, obwohl das Team alles gibt. Pausenlos greifen sie den Gegner an, halten ihn in seiner Hälfte und suchen den Abschluss. Oh nein, schon wieder donnert der Ball nur an den Pfosten! Bis zum Ende der Partie bleiben nur noch wenige Minuten. Still sitzen kann Timo längst nicht mehr. Neben dem Trainer hampelt er aufgeregt an der Seitenlinie.

„Ball!", ruft Emma. „Tor!"

Da landet ein Pass direkt an der Stirn des Mittelstürmers. Unhaltbar köpft er die Kugel ins gegnerische Netz. Ball! Tor! Sieg! Kaum pfeift der Schiedsrichter ab, bricht überall Jubel aus. Fans fallen sich hüpfend in die Arme, während sich die Mannschaft auf dem Rasen wälzt. Im allerletzten Augenblick hat der FC Burgbach den Aufstieg tatsächlich geschafft.

Für die Spieler ist Emma der Star des Tages. Immerzu wird sie geknuddelt und in die Luft geworfen. Timo sammelt Unterschriften auf seinem Trikot, bis das Team mit ihnen beiden eine Ehrenrunde über den Platz dreht. Eines steht fest: Als Fußballfangeschwister sind sie ab heute ein unschlagbares Team.

Wer ist Kapuze Rotschuh?

Felix muss grinsen, als Lea ihm einen kurzen Pass direkt auf seinen starken rechten Fuß spielt. Gemeinsam im Sturm läuft es zwischen ihnen super. Daran haben auch die langen Sommerferien nichts geändert, in denen sie nicht kicken konnten. Endlich sind alle zurück aus dem Urlaub. In der letzten Woche vor Schulbeginn werden sie so oft wie möglich auf dem Bolzplatz abhängen.

Etwas Schöneres kann sich Felix nicht vorstellen. Er liebt Fußball genauso wie seine Freunde. Geschickt treibt er den Ball vor sich her. Kurz vor dem Tor will Cem ihn stoppen. Doch diesen Zweikampf entscheidet Felix mit einem lässigen Hackentrick für sich. Mit voller Wucht zieht er ab und drischt das Leder links oben ins Eck. Bei diesem Schuss hatte Leon wirklich keine Chance. Im Tor hebt er den Ball auf.

„Den nächsten halte ich", tönt Leon und schnallt die Klettverschlüsse der Handschuhe noch enger um seine Handgelenke.

Damit spornt er Lea umso mehr an. Nach einem Pass von Felix dribbelt sie Cem aus und haut den Ball mittig ins Netz, während Leon in eine Ecke hechtet.

„Tor!", jubelt Lea stolz.

„Schaut mal!", sagt Cem auf einmal. „Wir werden beobachtet." Dabei deutet er hinüber zum Spielplatz.

Auf der Schaukel lümmelt ein Junge mit übergestülpter Kapuze. Er wirkt so alt wie sie. Als er ihre Blicke bemerkt, mustert er seine roten Sportschuhe.

„Du täuschst dich", meint Lea. „Der interessiert sich nicht für uns. Vielleicht wartet er auf jemanden!"

Voller Eifer kicken sie weiter. Nach jedem Angriff späht Felix dennoch heimlich zur Schaukel. Lea hat sich geirrt. Der fremde Kapuzentyp verfolgt jeden Spielzug von ihnen ganz genau. Wie sonderbar! Was hat er davon? So spektakulär kicken sie nun auch nicht.

Später deckt Felix gemeinsam mit Papa zu Hause den Tisch. Während er die Butter aus dem Kühlschrank holt, erzählt er von ihrem geheimnisvollen Beobachter auf der Schaukel.

„Vielleicht wollte er bei euch mitspielen?", meint Papa.

„Dann kann er doch rüberkommen und uns fragen", entgegnet Felix. „Der saß nur komisch rum und hat geglotzt."

Papa zieht seine Stirn in Falten. „Vielleicht hat er sich nicht getraut? In Italien auf dem Zeltplatz bist du auch nicht gleich direkt auf die Nachbarn zugegangen. Erst viel später hast du mit Marco Fangen im Meer gespielt. Erinnerst du dich? Am Anfang sind die meisten Menschen schüchtern."

Nun kommt Felix ins Grübeln. Genau genommen war alles Marcos Verdienst. Der hatte ihn angesprochen und gefragt, ob sie gemeinsam zum Strand gehen. Ohne seinen ersten Schritt wären sie in den Ferien wohl nie dicke Freunde geworden. Womöglich hatte Kapuze Rotschuh tatsächlich auf ein Zeichen von ihnen gehofft? Zu dumm! Mit einem weiteren Mitspieler könnten sie endlich zwei gegen zwei stürmen. Diese Gelegenheit ist nun leider vorbei.

Mit einem Fußball unter dem Arm erscheint Felix am nächsten Tag auf dem Bolzplatz. Seine Freunde warten bereits. Lea und Cem lümmeln im Gras, während Leon die Handschuhe festzurrt. Felix guckt hinüber zum Spielplatz. Verrückt! Schon wieder sitzt der Kapuzentyp auf der Schaukel, als hätten sie sich mit ihm verabredet. Sofort muss er an Marco denken.

„Kommt mit!", sagt Felix zu seinen Kickerfreunden. „Anscheinend ist Kapuze Rotschuh unser neuer Fan. Vielleicht hat er ja was drauf und will mitmachen! Zwei gegen zwei."

Zusammen marschieren sie zur Schaukel. Als sie sich nähern, schnellt Kapuze Rotschuh ertappt hoch. Seine Wangen färben sich noch röter als seine Schuhe. „Hi fremder Zugucker!", grüßt Felix. „Ich bin Felix. Und wer bist du?" Aufgeschreckt blickt Kapuze Rotschuh von einem zum anderen.

„Gestern warst du auch schon da", meint Lea. „Bist du neu in der Gegend? Nur zu Besuch oder frisch hergezogen? Gehst du bald auf unsere Schule?"

„Kannst du kicken?", will Cem wissen.

„Oder warum siehst du uns zu?", fragt Felix noch. „Wenn du bei uns mitstürmen willst, musst du es schon sagen. Wir brauchen immer Verstärkung. Aber jeden nehmen wir natürlich auch nicht. Also, wer bist du? Kennst du dich mit Fußball aus?"

Jetzt liegt der Ball klar bei Kapuze Rotschuh. Mehr Hilfestellung geht nicht. Entweder will er ins Team oder er verduftet. Abwartend tritt Felix von einem Bein aufs andere. Auch Kapuze Rotschuh trippelt irgendwie auf der Stelle. Sein Gesicht glüht. Immer wieder öffnet er für einen klitzekleinen Moment den Mund. Nur leider sagt er nichts. Letztendlich glotzt er nur zwischen ihnen hin und her.

Da stöhnt Leon auf. „Das zieht sich ja wie Kaugummi. Mir reicht's! Wenn Kapuze nichts ausspuckt, ist das sein Problem. Ich will jetzt spielen."

Das sehen die anderen genauso. Ohne weitere Worte machen sie kehrt und laufen zurück zum Tor.

Beim Abendessen kann Felix seinem Papa nur eines berichten: Der fremde Kapuzentyp ist anders als Marco, nämlich einfach nur doof. Bestimmt haben sie ihn heute zum letzten Mal gesehen.

Als Felix am folgenden Tag auf dem Platz erscheint, nickt Cem jedoch in Richtung Schaukel.

„Kapuze ist schon wieder da", stöhnt er.

„Was machen wir jetzt?", fragt Leon in die Runde. „Soll ich ihn abschießen, damit er verschwindet?"

„Wir beachten ihn einfach nicht", schlägt Lea vor.

Gemeinsam mit Felix startet sie den Angriff. Zum ersten Mal kann Leon parieren und faustet den Schuss vom Tor weg.

In hohem Bogen fliegt der Ball zum Spielplatz. Kapuze springt von der Schaukel. Erst scheint es, als weiche er zurück. Doch letztendlich stoppt er den Schuss wie ein Profi mit seiner Brust.

„Krass!" Lea kreischt auf. „Habt ihr gesehen, wie der den Ball annehmen kann? Das war genial!"

„Zu mir!", brüllt Felix in Kapuzes Richtung.

Aus weiter Distanz passt Kapuze ihm das Leder optimal zu. Jetzt gibt es für die Kicker kein Halten mehr. Gemeinsam stürmen sie auf den Fremden zu.

„Das war der Hammer", schwärmt Leon. „Woher kannst du denn so gut Fußball spielen?"

Die Wangen von Kapuze leuchten auf. Immer röter werden sie. Dann öffnet er den Mund.

„V-V-V-erein. F-F-Früher", stottert er. „Do-Do-Dortmu-mu-mu …"

„Du bist von Dortmund in unsere Stadt gezogen?", hilft Felix ihm.

Als Antwort nickt Kapuze und lächelt dankbar. Wenn er aufgeregt ist, fällt ihm jede Silbe schwer. Er stottert seit jeher. Und er hasst es. Denn sobald er auch nur ein Wort sagt, gaffen alle und halten ihn für nicht ganz dicht.

„Cool!", sagt Felix. „Jetzt müssen wir nur noch deinen Namen wissen."

Kapuze zieht daraufhin einen Schlüsselbund aus seiner Hosentasche.

Auf einem der silbrig glänzenden Anhänger ist ein Wort eingraviert.

„Malte", liest Felix vor. „Heißt du so?"

Wieder folgt ein Nicken. Hätte Malte es selbst ausgesprochen, wäre wohl nur Ma-Ma-Ma … rausgekommen. Doch langsam legt sich seine Aufregung. In dieser Gruppe schert sich keiner um sein Stottern. Alle strahlen ihn an, als hätten sie schon ewig auf einen Spieler wie ihn gewartet.

Cem schnappt sich den Ball. „Wir wählen Zweierteams. Ich fange an und wähle zuerst. Und ich entscheide mich natürlich für Malte. Ab sofort machen wir euch so richtig platt."

Max braucht einen Sponsor

Seit Max im Unterricht neben Linus sitzt, hat sich so vieles verändert. Schule macht mehr Spaß als je zuvor. Ständig stecken sie die Köpfe zusammen und kritzeln kleine Bildchen auf ihre Arbeitsblätter.

In der Freizeit spielt Linus Fußball im Verein.

„Mein Papa trainiert uns", erzählt er. „Das macht es manchmal etwas nervig für mich. Aber die Mannschaft ist toll. Magst du mal mitkommen zum Training?"

Max zögert keine Sekunde. Bisher hat er immer alleine gekickt – nur er für sich auf blödem Beton im Durchgang zum Hinterhof. Nach Sport hat sich das nie angefühlt. Sein Ball ist alt und verliert Luft. Begeistert sagt er deshalb zu.

Am Tag des Trainings begleitet er Linus zum ersten Mal nach der Schule mit nach Hause. Es gibt Spaghetti. Dann zeigt ihm Linus stolz sein Zimmer. Er hat sogar einen eigenen Computer. An den Wänden hängen Poster von den besten Kickern der Welt.

„Hast du deine Fußballschuhe eingepackt?", fragt Linus.

Max sieht zu Boden. „Ich … äh … habe keine."

„Ach stimmt", meint Linus. „Du fängst ja gerade erst an. Außerdem, wer weiß? Vielleicht hast du ja zwei linke Füße."

Jetzt wird Max tatsächlich etwas unruhig. Hoffentlich blamiert er sich nicht vor Linus, dessen Vater und der gesamten Supermannschaft.

Stunden später ist Linus außer Puste. Max fühlt sich dagegen ziemlich fit. Außerdem hat er jede Übung auf dem Rasen ohne Panne gemeistert.

„Ich bin beeindruckt", sagt Linus' Vater zu ihm. „Du schlägst dich gut. Mit welchem Fuß schießt du denn lieber? Mit rechts oder links?"

Nach dieser Frage hebt Max die Schultern. Bisher hatte er Pässe mit einer Betonmauer gewechselt und irgendwie verwertet, was eben zurückprallte.

Kurz vor Schluss testet der Trainer ihn noch allein. Er wirft den Ball zu Max, der ihn annehmen soll. Mal kommt das Leder hoch, mal tief, mal eher von rechts und dann wieder von links.

„Unfassbar!", ruft Linus' Vater schließlich. „Stark auf beiden Seiten. Jemanden wie dich brauchen wir hier unbedingt." Dann holt er einen Zettel. „Gib dieses Formular deinen Eltern! Damit können sie dich bei uns anmelden. Die Vereins-gebühr und die Kontonummer stehen hinten drauf. Ab sofort erwarte ich dich in jedem Training."

So schwerelos hat sich Max noch nie gefühlt. Leicht wie eine Wolke schwebt er nach Hause. Als er die Tür aufschließt, hört er Mamas Stimme.

„Nicht die Waschmaschine, bitte nicht", sagt sie.

„Tja", antwortet Papa. „Da ist nichts mehr zu machen."

„Aber eine neue Maschine können wir uns nicht leisten. Wie denn? Wovon denn? Seit der letzten Autoreparatur haben wir Schulden. Überall müssen wir zahlen. Wenn wir nicht aufpassen, reicht das Geld nicht mal mehr für die Miete und wir landen ohne Wohnung auf der Straße."

Max hat genug gehört. Er knüllt den Anmeldezettel zusammen und kickt ihn in den Papierkorb.

Am Eingang zum Klassenzimmer fängt Linus ihn am nächsten Morgen ab. „Mein Vater hat noch ewig von dir geschwärmt", erzählt er. „Er freut sich riesig, dass du nun bei uns spielst. Und ich finde es natürlich auch toll."

„Daraus wird nichts", sagt Max knapp und steuert auf seinen Platz zu.

Linus flitzt ihm hinterher. „Spinnst du? Du gehörst in unser Team. Dein erstes Training war Bombe."

„Richtig Bombe", denkt Max, während er sein Federmäppchen vor sich auf die Bank legt. Aber Fußball im Verein ist für ihn ausgeschlossen. Seine Eltern haben kein Geld übrig. Im Gegenteil! Wäre er älter, würde er Zeitungen austragen oder im Supermarkt helfen. Jeder zusätzliche Euro hilft seiner Familie. Für Waschmaschine und Fußballverein würde es dennoch niemals reichen.

„Ich fand das Training irgendwie doof", behauptet Max deshalb. „Ich suche mir lieber was anderes."

Nach diesem Satz spricht Linus kein Wort mehr mit ihm.

Auch zu Hause ist die Stimmung mies. Mama telefoniert ununterbrochen. Was Max von den Gesprächen mitbekommt, klingt übel. Bei Verwandten und Bekannten fragt Mama, ob ihr jemand Geld leihen kann. Dann sucht sie im Internet nach einer gebrauchten Waschmaschine. Am liebsten hätte sich Max in den Durchgang zum Hinterhof verkrochen. Beim Kicken gegen die Wand vergisst er wenigstens die Sorgen. Stattdessen löffelt er Brei in seinen Bruder und spielt Memory mit Fiona, seiner kleinen Schwester.

Gegen Abend klingelt es an der Tür. Papa löst sich vom Fernseher und öffnet. „Verzeihen Sie die Störung! Baumgarten, mein Name. Das ist mein Sohn Linus. Ich bin der Trainer von Max."
„Trainer?", wiederholt Papa.

Au Backc! Max sprintet in den Flur. Im Eingang stehen tatsächlich Linus und sein Vater. Warum besuchen sie ihn ohne Vorwarnung zu Hause?

„Max war gestern bei uns zum Probetraining", erzählt Linus' Vater. „Es hat mich sehr beeindruckt, was er kann. Darum hätte ich ihn gerne in unserer Fußballmannschaft."

Verblüfft dreht Papa sich zu ihm um. „Du willst in einen Verein?"

„Natürlich nicht!", widerspricht Max schnell. „Keine Sorge, Papa! Die Waschmaschine ist wichtiger. Vergiss Fußball! Lieber suche ich mir was, womit ich Geld verdiene und euch unterstützen kann."

Im Flur wird es still. Der Einwurf von Max gibt allen zu denken.

„Bedeutet die Vereinsgebühr ein finanzielles Problem für Sie?", fragt Linus' Vater in Papas Richtung.

Papa wirkt überfordert. „Ja", sagt er. „Nein. Ich weiß nicht. Wie hoch ist diese Gebühr denn? Wenn Max Talent hat, dann … dann … Anne, kommst du mal bitte schnell?"

Auch Mama wird blass, als sie erfährt, worum es hier geht. Nicht nur der Verein kostet. Fußballschuhe, Trikots und Trainingslager sind auf Dauer nicht billig. Tröstend streichelt Mama Max über die Wange. Bei aller Liebe, diesen Sport kann sich die Familie nicht leisten.

Da zupft Linus am Ärmel seines Vaters. „Im Fußball zahlen Vereine doch Geld für Toptalente. Oder, Papa?"

„Das stimmt", lautct seine Antwort. „Allerdings nur in einer höheren Liga. Wir sind lediglich die E-Jugend des FC Lübbstedt und nicht der FC Bayern."

Linus überlegt. „Dann braucht Max einen Sponsor, der alle Kosten übernimmt. Reicht denn mein Taschengeld für seine Gebühr? Und zum Geburtstag wünsche ich mir Fußballschuhe in seiner Größe. Und zu Weihnachten …"

„Moment, Moment!", geht sein Vater lachend dazwischen. „Ich habe verstanden. Wenn dir Max so wichtig ist, finden wir eine Lösung."

Sprachlos blickt Max von einem zum anderen. Er darf spielen! Und das verdankt er Linus, dem wirklich allerbesten Freund der Welt.

„Aber damit eins klar ist", flüstert Linus ihm zu. „Du zahlst mir jeden Cent zurück! Sobald du in der Champions League kickst und beim FC Bayern Millionen verdienst. Einverstanden?"

Ein Platz zum Kicken

„Kein Schüler braucht Hausaufgaben kurz vor den Ferien", denkt Emil knurrig.

In zwei Tagen gibt es Zeugnisse. Um gute Noten geht es jetzt nicht mehr.

Also schreibt er einfach irgendwelche Zahlen ins Matheheft.

Endlich kann der Nachmittag beginnen. Mit dem Fußball unter dem Arm flitzt Emil zum Hartplatz seiner Schule. Bestimmt ist er heute nicht der Einzige, der dort kickt. Clara und Jannis aus der 3b trifft er eigentlich immer.

Auf den letzten Metern zum Platz kommen ihm die beiden allerdings entgegen.

„Ihr verschwindet schon wieder?", fragt Emil. „Warum?"

„Weil die gerade einen Bagger auf unserem Platz parken", erklärt Clara.

Emil will es nicht glauben. „Ein Bagger? Was soll das? Der darf da nicht parken! Los, kommt mit!"

Es stimmt tatsächlich! Einige Männer in leuchtenden Warnwesten geben Hand-
zeichen und dirigieren die wuchtige Baumaschine vorwärts.

„Stopp!", ruft Emil ihnen zu. „Der Bagger darf da nicht stehen bleiben.
Wir brauchen das Feld. Nachmittags spielen wir hier immer Fußball."

„Ab heute tobt hier niemand mehr", sagt ein Mann mit struppigem Schnurrbart.

„Das Gelände gehört zu unserer Schule", hält Emil dagegen.

„Eben", kommt als Antwort. „Darum nutzen wir auch die Ferien für die Arbeiten.
Sobald das Schuljahr anfängt, sind wir mit dem Umbau fertig."

„Wie cool!", denkt Emil. „Wir bekommen einen neuen Platz." Besonders gut in
Schuss ist der brüchige Gummiboden wirklich nicht mehr. Doch eine Frage bleibt:
Wo sollen sie unterdessen Fußball spielen?

„Das ist so doof", mault Jannis und zieht eine Schnute. „Ohne Spielfeld können
wir nicht kicken. Dabei haben wir bald so viel Zeit."

Entschlossen klatscht Clara in die Hände. „Genug gejammert! Dann treffen wir
uns eben immer auf dem Sportplatz einer anderen Schule."

Bei ihrem Plan ist Emil leider raus. Für diese Entfernung bräuchte er sein Rad,
aber das ist zurzeit kaputt. Radfahren fällt also aus. Da kommt ihm aber
selbst eine Idee. „Wir spielen auf dem Pausenhof. Nachmittags ist dort
niemand und in den Ferien auch nicht."

Clara und Jannis finden seinen Vorschlag genial. Mit schnellen Schritten eilen sie hinüber zum Hauptgebäude. Auf dem gepflasterten Hof davor sind sie wirklich ungestört. Los geht's!

Als Eröffnung spielt Emil einen hohen Pass auf Jannis. Der versucht eine Annahme per Kopf, erwischt den Ball aber nicht richtig. Also greift Clara ein. Sie stoppt die hüpfende Kugel vor der Schultür mit ihrem Oberkörper und dribbelt zurück zu Emil. Der fordert sie sofort zum Zweikampf. Ihre Füße rangeln um den Ball. Keiner will dieses Duell verlieren.

AUF DEM PAUSENHOF IST BALLSPIELEN VERBOTEN !

„Hey!", ertönt plötzlich eine Männerstimme vom Schulhaus.

Erschrocken drehen sich ihre Köpfe hoch zum ersten Stock. Durch ein geöffnetes Fenster schaut Herr Lattner, der Hausmeister, heraus.

„Seid ihr verrückt?", poltert er. „Das ist kein Sportplatz!"

„Aber der Sportplatz ist ab sofort eine Baustelle", erklärt Emil.

„Und hier ist spielfreie Zone. Habt ihr das Schild nicht gesehen?"

Emil, Clara und Jannis tauschen Blicke. Schild? Welches Schild? Erst als der Hausmeister nach links oben deutet, bemerken sie die rostige Hinweistafel am Gebäude. Darauf steht tatsächlich: Auf dem Pausenhof ist Ballspielen verboten!

„Können Sie bitte eine Ausnahme für uns machen?", fragt Emil freundlich. Herr Lattner zögert einen Moment. Er versteht die drei sehr gut. In ihrem Alter hat er auch ständig Fußball gespielt. Damals auf dem Dorf mangelte es nicht an Wiesen zum Bolzen. Seit er als Hausmeister in der Stadt arbeitet, kann er sich dagegen nur eine kleine Wohnung ohne Garten leisten – wie so viele andere auch.

„Es tut mir leid", sagt er schließlich, nun schon etwas milder gestimmt. „Das geht nicht. Wenn ihr nämlich eine Scheibe einschießt, hört der Spaß auf. Dann gibt es richtig Ärger. Also sucht euch bitte einen anderen Ort."

Niedergeschlagen schlurfen sie vom Schulgelände. Und nun? Tief in Gedanken rollt Emil den Ball zwischen seinen Füßen hin und her. Dribbeln und Pässe üben können sie natürlich auch auf dem Gehweg. Um diese Zeit ist vor der Schule nichts los. Emil sieht sich um, kann aber weit und breit niemanden entdecken. Übermütig spielt er auf Jannis ab. Damit hat der allerdings nicht gerechnet. Jannis pariert zwar, doch leider wie ein Torwart. Sein ausgestrecktes Bein lenkt den Ball in eine andere Richtung – direkt auf die Straße.

Zum Glück kommt gerade kein Auto. Trotzdem quietschen Bremsen. Ein Radfahrer hat blitzschnell reagiert und angehalten, ohne zu stürzen. „Entschuldigung", sagt Emil, als er den Ball von der Fahrbahn aufhebt. „Das war wirklich keine Absicht."

„Habt ihr keine Augen im Kopf?", schimpft der Radfahrer dennoch. „Könnt ihr keine Schilder lesen? Dies ist eine normale Verkehrsstraße mit Tempolimit 30. Kicken dürft ihr in einer Spielstraße."

„Wirklich?", fragt Emil sofort begeistert nach. „Wo finden wir denn in dieser Gegend so eine Spielstraße? Wissen Sie das zufällig?"

Leider hilft ihm der Mann nicht weiter. Stattdessen tritt er verärgert in die Pedale und fährt davon.

„Mensch, sind wir doof!", ruft auf einmal Clara. „Gleich da hinten beginnt doch der Stadtpark. Da gibt es Wiesen ohne Ende für uns."

Clara hat recht. Auf diese Idee hätten sie längst kommen können. Auf Rasen spielt es sich ohnehin viel besser. Außerdem kann ihnen dort niemand das Kicken verbieten. Jeder Stadtbewohner darf öffentliche Parks benutzen.

Kaum haben sie die grüne Anlage geentert, kicken sich die drei im Wechsel den Ball zu. Immer mutiger werden ihre Schüsse. Nach harmlosen Pässen versuchen sie hohe Flanken.

„Hey!", ruft da eine junge Frau, die auf einer Decke im Gras liegt und ein Buch in den Händen hält. „Verschwindet!"

„Wieso?", fragt Emil. „Ein Stadtpark ist für alle da."

„Dies ist aber die Liegewiese", kommt es pampig zurück. „Habt ihr die Schilder nicht gesehen? Sucht euch einen anderen Platz!"

Verwirrt guckt Emil sich um. Ach herrje, was die Frau sagt, stimmt! Rund um das Grün stehen überall Metallpfosten mit Hinweisen. Ballspielen verboten! Aber das kann nur eines bedeuten: Irgendwo ist Liegen verboten und Kicken erlaubt. Gemeinsam mit Clara und Jannis streift Emil durch den Park. Hinter einer Biegung stoßen sie auf eine noch viel größere Wiese.

„Endlich", freut sich Jannis. „Hier liegt kein Mensch. Steiler Pass zu mir!"

Ausgelassen bolzen die drei über die leere Grünfläche.

„Achtung, Flanke!", ruft Emil zu Clara, ehe er mit voller Wucht abzieht.

Sein Schuss kommt jedoch nicht an.

LIEGEWIESE
BALLSPIELEN
VERBOTEN !

Wie aus dem Nichts prescht ein riesiger Hund heran. Im Sprung fängt er den Ball aus der Luft. Seine Zähne graben sich tief ins Leder wie in ein Kauspielzeug. Emil erstarrt. So, wie der Hund zubeißt, hat der Fußball jetzt sicher mehr Löcher als ein Schweizer Käse. Hektisch sieht Emil sich um. Auf einen Stock gestützt nähert sich ein grauhaariger Mann.

„Hey Sie!", ruft Emil ihm entgegen. „Ihr Hund zerstört meinen Ball. Das ist ein Park! Da müssen Sie ihn an die Leine nehmen."

„Nicht auf der Hundewiese. Habt ihr die Schilder nicht gesehen?"

Nach diesem Satz will Emil brüllen. Schilder, Schilder, überall nur Schilder und Verbote! Wo sind Kicker endlich mal erwünscht? Doch dann erkennt er den Mann. Bis vor Kurzem war Doktor Weishaupt noch sein Kinderarzt gewesen.

Jetzt arbeitet er nicht mehr und ist in Rente.

„Mein Fridolin liebt Bälle", seufzt er. „Ich komme für deinen Schaden natürlich auf und besorge dir Ersatz, Emil. Holst du den Ball morgen Nachmittag bei mir ab? Deine Eltern kennen meine Adresse."

Der Gedanke an einen neuen Fußball tröstet Emil ein bisschen. Aber was nützt ein Spielgerät ohne Spielfeld?

Mit gemischten Gefühlen schlendert er am nächsten Tag zu Doktor Weishaupt. Sein ehemaliger Kinderarzt wohnt nur ein paar Straßen entfernt. Als Emil klingelt, erwartet er lautes Bellen von Fridolin. Doch Doktor Weishaupt öffnet allein.

„Wo ist denn Ihr Hund?", fragt Emil.

„Fridolin streunt durch den Garten."

Zum Beweis führt der Arzt Emil zur Terrasse.

Solch einen großen Garten hat Emil noch nie gesehen. Hier hat ein halbes Fußballfeld Platz – mindestens. Allerdings wächst das Gras munter in den Himmel.

„Normalerweise hilft mir mein Sohn", erklärt Doktor Weishaupt. „Leider hat er gerade viel zu tun. Alleine kann ich die Wiese nicht bändigen."

„Ist Rasenmähen schwer?", fragt Emil nach.

Doktor Weishaupt lacht auf. „Überhaupt nicht! Das schafft jeder, der nicht alt ist und am Stock gehen muss wie ich."

Emil fällt ein Vorschlag ein, den er schließlich mutig ausspricht: „Wenn wir Ihren Rasen mähen – dürfen wir dann nachmittags bei Ihnen kicken?"

Dieser Vorschlag trifft Doktor Weishaupt mitten ins Herz. Seit er nicht mehr arbeitet, fühlt er sich oft allein. Das ändert sich bestimmt, sobald ihn die Kinder täglich besuchen. Auch Emil strahlt. Für ihre Ferien hat er den perfekten Bolzplatz gefunden. Clara und Jannis werden ihn morgen in der Schule feiern. Nur Fridolin müssen sie noch beibringen, dass er keine Bälle mehr zerbeißt. Aber dieser Trick gelingt echten Kickern auch noch.

EM-Wahnsinn im Wohnzimmer

An diesem Wochenende übernachtet Lisa mal wieder bei Oma und Opa. Darauf freut sie sich immer sehr. Bei jedem Besuch dreht sich alles nur um sie. Lisa darf entscheiden, was sie mittags essen, ob sie in den Zoo gehen oder ins Schwimmbad. Besser kann sie es sich nicht wünschen.

Auch an diesem Samstag nimmt Oma Lisa liebevoll in Empfang.

„Gibt es heute Pfannkuchen, Oma?", fragt sie. „Bitte mit ganz viel Schokocreme! Außerdem wünsche ich mir …"

Weiter kann Lisa nicht sprechen. Verwundert blickt sie auf Opa, der soeben die Kellertreppe hochsteigt. In seinen Händen hält er volle Tüten. Eine Girlande aus bunten Fahnen quillt daraus hervor und Lisa entdeckt noch eine lange Tröte in Schwarz-Rot-Gold. Was hat das zu bedeuten?

„Du kannst mir gleich helfen, das Wohnzimmer herzurichten", sagt Opa. „Bis zum Nachmittag muss alles fertig sein. Dann kommen die Nachbarn. Gegen Abend grillen wir im Garten."

Nach diesen Sätzen zieht Lisa ein enttäuschtes Gesicht. Jetzt vermiesen ihr fremde Erwachsene ihr schönes Wochenende.

„Ihr habt doch schon einen Gast", mault Lisa. „Nämlich mich!"

„Heute spielt die deutsche Nationalmannschaft. Das ist wichtig", hält Opa dagegen. „Das Ergebnis entscheidet, ob wir an der nächsten Fußball-Europameisterschaft teilnehmen dürfen oder nicht."

„Dürfen wir das nicht immer?", fragt Lisa nach. „Bei einer EM machen doch alle Länder aus Europa mit."

„Erst müssen wir die Qualifikation schaffen für die Hauptrunde."

Was Opa dann erklärt, haut Lisa fast um. Niemals hätte sie geahnt, dass zu Europa mehr als 50 Nationalmannschaften gehören. Im Turnier können allerdings nur 20 Teams gegeneinander antreten. Darum finden vorab viele Spiele statt. Wer oft gewinnt, zählt nach Punkten zu den Besten und darf um den Pokal kicken. Für Lisa klingt das wahnsinnig spannend.
„Ich will das Spiel auch sehen", ruft sie. „Unbedingt, Opa!"

Während Oma in der Küche Salate vorbereitet, hilft Lisa im Wohnzimmer mit. Erst hängen sie Girlanden an die Wand, dann schleppen sie Stühle und stellen sie neben das Sofa vor den Fernseher. Zum Schluss malt Opa Flaggen mit einem Schminkstift auf ihre Wangen. Richtig toll fühlt sich Lisa damit.

Schon lange vor dem Anpfiff treffen nach und nach die Nachbarn ein. Manche wirken so alt wie Opa, andere viel jünger. Auch ein Junge in Lisas Alter ist dabei. Auf dem Kopf trägt er eine witzige Lockenperücke in Schwarz-Rot-Gold und hat sich eine Deutschlandfahne um die Schultern gebunden.

„Hallo, ich heiße Christoph!", sagt er. „Alle nennen mich Chris."

„Ich bin Lisa. Willst du auch eine Flagge auf deiner Backe, so wie ich?"

Im Nu hat sie Chris geschminkt. Dann versammeln sich alle Männer im Wohnzimmer. Opa schaltet den Fernseher ein. Auf dem Bildschirm erscheint das riesige Stadion. Überall winken Fans von den Rängen. In Lisas Bauch kribbelt es, als beide Mannschaften auf den Rasen marschieren.

„Es geht los!", ruft Lisa in Richtung Küche.

Doch eine Reaktion bleibt aus. Also flitzt Lisa zu Oma. Am Küchentisch unterhält die sich mit anderen Frauen und trinkt ein Glas Sekt.

„Habt ihr mich nicht gehört?", fragt Lisa nach. „Gleich beginnt das Spiel."

„Fußball interessiert uns nicht so wirklich", antwortet Oma nur.

Über diesen Satz kann Lisa nur den Kopf schütteln. Immerhin geht es hier um eine Europameisterschaft. Aufgeregt kehrt Lisa zurück zu Chris.

„Glaubst du, wir gewinnen?", fragt sie ihn. „Ich tippe auf 1:0. Und du?"

Genau in diesem Moment ertönt der Anpfiff und ein Ruck geht durch die Runde. Opa springt als Erster auf.

„Flanke nach außen!", brüllt er. „Macht Dampf, Jungs!"

„Jetzt quer auf die Sechs!", dröhnt ein anderer. „Junge, Junge, der lässt sich das Leder wegnehmen wie ein Softeis. Das ist unterste Kindergarten-Liga."

Opa rudert mit den Armen. „Nach vorn! Ihr müsst mehr pressen!"

Mit jedem Satz rutscht Lisa tiefer ins Polster. Hilfe! Wie ein Trainer an der Seitenlinie schreit Opa den Fernseher an, als könnten die Spieler seine Kommandos hören. So aufgebracht hat sie ihn noch nie erlebt. Die anderen Männer diskutieren lautstark mit und übertönen sogar den offiziellen Sprecher. Lisa platzt schier der Kopf. Von diesem Lärm braucht sie dringend eine Pause.

Als sie die Küche betritt, blickt Oma auf.
„Und? Läuft es gut für uns?", will sie wissen. „Hast du Spaß?"
Lisa stöhnt auf. „Nein! Die benehmen sich alle unmöglich."
„Ich weiß", sagt Oma lächelnd. „Sobald Deutschland spielt, erkennst du die Männer nicht wieder. Wir Frauen bleiben da lieber etwas auf Abstand. Du kannst dich gerne zu uns setzen."

Aber Lisa verkriecht sich lieber. Mies gelaunt tritt sie im Garten ihren Ball gegen den Geräteschuppen. Das ist wirklich der blödeste Opa-Oma-Tag, den sie je erlebt hat. Dabei hatte sich Lisa sogar auf das Länderspiel gefreut. „Ach, hier steckst du", hört sie auf einmal eine Stimme, ehe ihr Chris mit einer geschickten Drehung den Ball abnimmt. „Warum bist du denn so plötzlich verschwunden? Gemeinsam kicken können wir doch später. Gerade ist Pause. Es steht noch immer 0:0. Das Spiel ist richtig spannend."

„Nicht, wenn alle durcheinanderbrüllen", knurrt Lisa.

Chris lacht auf. „Stört dich das? Bei Länderspielen fiebert eben jeder mit. Da kann niemand stumm zugucken. Brüll doch einfach mit wie ich!"

„So gut kenne ich mich mit Fußball nicht aus", gesteht Lisa kleinlaut.

„Das ist egal", sagt Chris und grinst. „Glaub mir, mein Papa gibt immer die gleichen Ratschläge. ‚Wir müssen kompakt stehen.' – ‚Wir müssen mehr über außen versuchen.' – ‚Hohe Bälle aus dem Mittelfeld bringen nichts.' – ‚Immer schön den Ball flach halten, Junge.' Blablabla."

Ungläubig weiten sich Lisas Augen. „Und was rufst du?"

„Gib ab! Schieß doch endlich! Mach das Ding rein! Wir brauchen ein Tor!"

Pünktlich zur zweiten Halbzeit sitzt Lisa wieder vor dem Fernseher. Kaum rollt der Ball, kann Opa nicht still bleiben.

„Nach vorn! Nach vorn!", dirigiert er die Spieler. „Ihr müsst mehr pressen."

Ein anderer Mann verfolgt kritisch das Treiben auf dem Bildschirm. „Wir müssen mehr über außen versuchen", sagt er. „Diese hohen Bälle aus dem Mittelfeld bringen nichts."

„Genau, Papa", stimmt Chris zu, während er Lisa verschwörerisch zuzwinkert. „Wir müssen das Ding endlich reinmachen."

„Ja!", ruft Lisa laut und zwinkert zurück.

„Wir brauchen ein Tor!"

Lisa grölt nun fleißig mit und findet
es gar nicht mehr doof, dass alle durcheinanderbrüllen. Es macht sogar richtig Spaß!
Da endlich versenkt der Stürmer den Ball unhaltbar rechts oben. Jubelnd reißen alle die Arme hoch.
Chris zieht Lisa mit sich für einen Freudentanz auf dem Sofapolster. Ausgelassen
hopsen die beiden um die Wette und jubeln, so laut sie können. Dabei strahlt
Lisa übers ganze Gesicht. Deutschland führt.
So kann die Europameisterschaft kommen und noch viele Spiele, die sie hoffentlich bei Opa und Oma gucken darf – gemeinsam mit Chris.

Leo will ins Tor

Leos Schritte poltern durch das Treppenhaus. Auch die Wohnungstür knallt er laut ins Schloss. Gerade ist er richtig wütend. Schnaubend wirft er seine Sporttasche von sich, ehe er darin herumwühlt. Zack, schleudert Leo einen Fußballschuh gegen die Garderobe. Der andere verfehlt nur knapp eine Blumenvase von Mama.

„Leopold!" Nach diesem strengen Ruf streckt Papa den Kopf aus dem Esszimmer. „Was soll dieser Lärm? Sammle sofort deine Schuhe ein! Oder wir ziehen andere Seiten auf und Fußball wird für dich gestrichen!"

„Wunderbar", gibt Leo pampig zurück. „Ich will sowieso nie wieder spielen. Ich hasse Fußball!"

Dann stürmt er in sein Zimmer. Schon knallt die nächste Tür. Auf dem Bett sucht Leo Schutz unter einem Kissen. Dicke Tränen kullern über seine Wangen und er bebt noch immer vor Wut.

„Leo, Kumpel", hört er die besorgte Stimme seines Papas, als der sich neben ihn setzt und seinen Kopf streichelt. „Was ist denn los? Du liebst Fußball! Lief euer Training heute nicht gut? Oder findet euer Spiel morgen nicht statt?"

„Ich darf nicht ins Tor", platzt es aus Leo heraus.

Nach dem Training hat Herr Schulze verraten, wer von Beginn an auf dem Platz stehen wird. Bei ihrem ersten richtigen Spiel gegen eine andere Mannschaft will er Sascha zwischen den Pfosten.

„Das ist so gemein", schluchzt Leo. „Ich halte genauso gut wie Sascha."

„Aber so funktioniert Fußball", meint Papa. „Im Tor kann es nur eine Person geben. Kopf hoch! Du fängst doch gerade erst an. Es folgen weitere Spiele. Irgendwann wirst du auch mal von Anfang an im Tor stehen."

Papa redet und redet. Mit Fußball kennt er sich aus. In seinem Alter hat er auch in einem Verein gekickt, allerdings als Feldspieler. Von denen gibt es so viele. Die werden ständig aus- und eingewechselt. Aber wer tauscht schon einen Torwart mitten in der Partie? Niemand! Also wird Leo morgen nur als Zuschauer erleben, wie sich sein Team schlägt. Eigentlich bedeutet das Freundschaftsspiel Neustadt Nord gegen Neustadt Süd gar nichts. Wer gewinnt, bekommt eine Medaille. Die Verlierer erhalten als Erinnerung eine Urkunde. Ohne Einsatz will Leo weder eine Medaille noch eine Urkunde. Am besten bleibt er gleich zu Hause.

„Guten Morgen, Leo! Aufstehen", weckt Mama ihn am nächsten Tag. Doch Leo rührt sich nicht. Erst als Mama ihn zum dritten Mal ruft, krabbelt er widerwillig aus dem Bett. Im Bad lässt er sich Zeit.

„Beeile dich ein bisschen!", sagt Mama. „Wir fahren gleich los zum Fußballplatz. Davor musst du noch frühstücken, damit du fit bist."

Leo stochert jedoch nur mürrisch in seinen Cornflakes. Schließlich rückt Mama einen Stuhl zurück und setzt sich zu ihm an den Tisch.

„Mein lieber Sohn", beginnt sie. „Ich kenne dich. Du trödelst, weil du das Spiel verpassen willst. Aber so läuft das nicht. Wir gehen dort hin."

„Was soll ich denn da?", mault Leo zurück. „Nutzlos rumsitzen kann ich hier doch genauso."

„Erinnerst du dich noch an eine deiner Lieblingsgeschichten?", fragt Mama dann. „An die drei Musketiere? Ihr Motto gilt auch im Sport. Einer für alle, alle für einen! Jeder unterstützt andere und man kämpft als Team gemeinsam bis zum Sieg. Alle gehören dazu – egal, ob ein Spieler auf dem Platz steht, ein Tor schießt, einen Schuss hält oder auf der Bank auf seinen Einsatz wartet und andere anfeuert. Oder siehst du das anders?"

„Ja", knurrt Leo, doch dann gibt er nach und packt seine Sporttasche. Irgendwie wird er das doofe Spiel schon überleben.

Leo und seine Eltern fahren zum Sportplatz. Mittlerweile drängt die Zeit schon sehr. Rund um das Spielfeld warten schon die Zuschauer. Als Leo mit seinen Eltern näher kommt, stürzt Herr Schulze ihnen entgegen. Seine Wangen schimmern weiß wie ein Gespenst.

„Leo!", sagt er atemlos. „Zieh dich schnell um und mach dich bereit! Sascha ist auf dem Weg ins Krankenhaus."

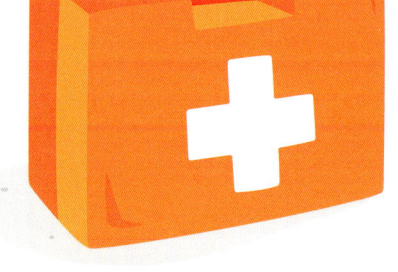

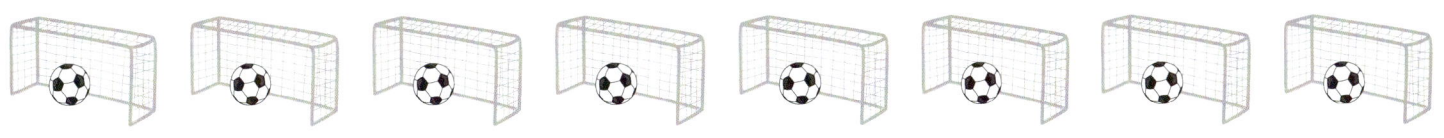

„Krankenhaus?", wiederholt Mama mit schriller Stimme. „Was ist passiert?"
„Beim Aufwärmen hat er einen sehr harten Schuss abgekriegt. Ob seine Hand gebrochen ist, wissen wir noch nicht. Heute fällt er definitiv aus. Zum Glück ist Leo da, sonst hätten wir jetzt keinen Torwart."

Nach den Worten des Trainers rast Leos Herz wie verrückt. Er darf wirklich spielen! Als er die Kabine betritt, bricht Jubel aus. Alle sind erleichtert, dass das Spiel stattfinden kann. Doch nach Freudensprüngen ist Leo gar nicht zumute. Auf dem Weg zum Tor denkt er immerzu an Sascha. Hoffentlich hat der sich nicht allzu schwer verletzt.

Der Schiedsrichter bläst in seine Pfeife. Los geht's! Zwar dürfen die Süd-städter anstoßen, doch Leos Team erobert schnell den Ball. Mit geschickten Pässen kämpfen sich die Spieler vor und schießen aufs Tor. Treffer! Die Nord-städter gehen schnell in Führung. Bei Leo am Tor bleibt es dagegen ruhig. Also dehnt sich Leo zwischen den Pfosten und kontrolliert den Sitz seiner Hand-schuhe. Mit Sicherheit hat Sascha vorhin auch welche getragen. Wieso haben sie ihn nicht geschützt? Wie konnte ihn ein Schuss so heftig treffen? Plötzlich wird Leo ganz mulmig zumute. Hilfe! Auf der Bank sitzt niemand, der ihn ersetzen könnte.

„Leo!", brüllt da auf einmal jemand.

Zu spät! Wie aus dem Nichts landet der Ball links neben Leo im Netz. Damit gelingt den Südstädtern der Ausgleich. Beschämt holt Leo die Kugel aus seinem Kasten. Das darf ihm nicht noch einmal passieren. Ab sofort schmeißt er sich in jeden Angriff. Den nächsten Schuss faustet Leo beiseite. Den darauf lenkt er mit seinem Knie in eine andere Richtung ab. Leo gibt alles im Tor und sein Team kann auf dem Platz noch zwei Tore erzielen.

In der Pause ist Herr Schulze begeistert und lobt ihn vor allen anderen.

„Weiter so, Leo!"

Als der Schlusspfiff ertönt, sinkt Leo erschöpft auf die Knie. Endlich ist ihr erstes Spiel vorbei. Glücklich klatscht sich Leo mit den anderen ab.

Auf diesen Sieg können wirklich alle stolz sein. Bei der Siegerehrung treten sie nacheinander vor und nehmen ihre Medaille entgegen. Kaum baumelt diese schimmernd um seinen Hals, stutzt Leo jedoch. Er braucht unbedingt noch eine zweite.

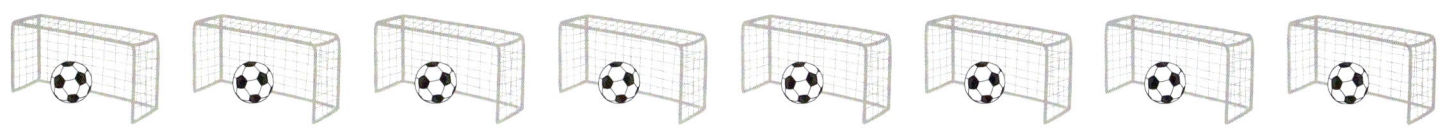

Auf der Heimfahrt bittet er Papa um einen Umweg. Sie halten vor dem Haus, in dem Sascha wohnt. Dort rollt gerade ein Auto in die Garage. Sascha und seine Eltern steigen aus. Ein weißer Verband hüllt Saschas Hand bis zu den Fingerspitzen ein.

„Tut es sehr weh?", fragt Leo. „Ist sie gebrochen?"

Sascha schüttelt den Kopf. „Nur stark geprellt, mehr nicht. Das vergeht."

„Sehr gut", freut sich Leo. „Wir haben die Südstädter vorhin plattgemacht. Den ersten Treffer konnte ich leider nicht verhindern, aber dafür lief es im Sturm top. Verdienter Sieg für uns mit 5:1."

„Schön", sagt Sascha und es klingt traurig.

Da hängt Leo ihm feierlich die Medaille um. „Hier, die ist für dich."

„Warum? Ich habe doch gar nicht mitgespielt."

„Na und?", hält Leo dagegen. „Wir sind ein Team. Wer weiß, ob ich nicht auch einmal verletzt ausfalle wie du. Also musst du bitte ganz schnell wieder gesund werden. Unsere Mannschaft braucht uns beide – mal auf dem Platz, mal auf der Bank."

Denn wie lautet das Motto für echte Kämpfer im Fußball? Einer für alle, alle für einen!

Fußball-Fans, aufgepasst!

Fußball
MEINE FREUNDE

Fußball:
Meine Freunde
ISBN 978-3-86318-483-4

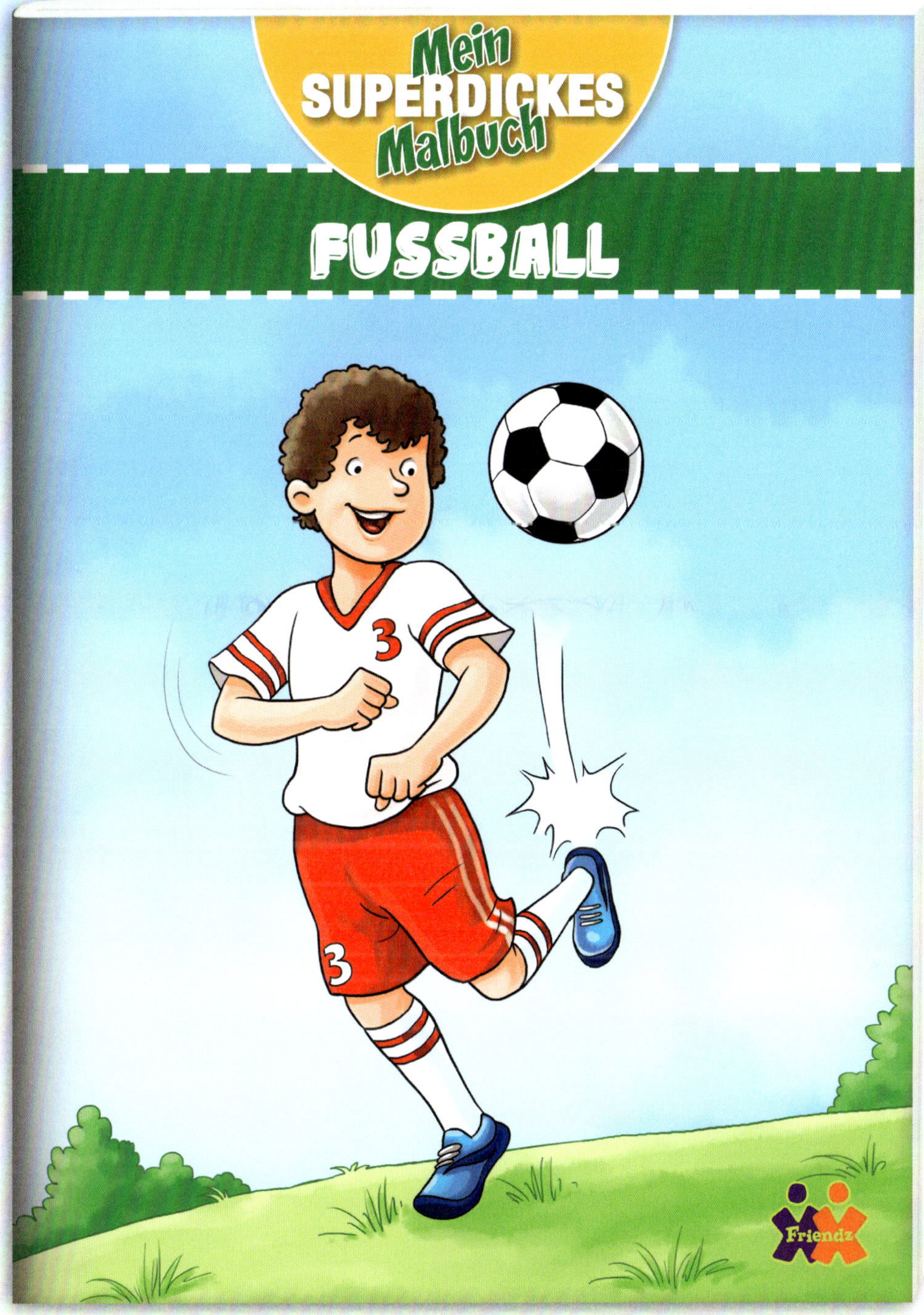

Mein SUPERDICKES Malbuch

FUSSBALL

Mein superdickes Malbuch:
Fußball

ISBN 978-3-86318-479-7